KUNSTVOLLE STEINE

MIT ACRYL

INHALT

GRUNDLAGEN 7

Die richtigen Steine	8
Die Acrylfarben für Ihre Steinkunst	10
Tipps für grandiose Ergebnisse	11
Pinsel & Werkzeuge	12
Maltechniken	14
Gipssteine herstellen	18

PROJEKTE 21

Blaue Spirale	22
Silver Linings	26
Buntes Treiben	30
Boho-Hippie-Vibes	34
Lila Schmuckstück	38
Sonnenaufgang	42
Blaues Wunder	46
Frühlingsgefühle	50
Lila Laune	54
Orientalischer Traum	58
Fliegende Libelle	62
Niedlicher Panda	66
Flauschiges Kätzchen	70
Weise Schildkröte	74
Fatimas Hand	78

Königlicher Kronenkranich	82
Federleichtes Spiel	86
Süßer Marienkäfer	90
Glücksschweinchen	94
Königliche Eidechse	98
Kleiner Goldfisch	102
Weiser Elefant	106
Rote Tulpe	110
Keltischer Knoten	114
Kaiserpinguin	118
Königlicher Drache	122
Kleiner Clownfisch	126

GRUNDLAGEN

DIE RICHTIGEN STEINE

WOHER BEKOMME ICH GEEIGNETE STEINE?

Schöne Steine gibt es an der Ostsee, auf Usedom und Rügen sowie bei Sassnitz und Rostock. Auch in den Alpenflüssen wie Isar und Inn lohnt es sich zu suchen. Da der Besuch am Meer nicht immer zu realisieren ist, ist es gut, dass sogar im Internet Steine angeboten werden. Zudem haben große Gärtnereien und Baumärkte auch oft Steine unter der Bezeichnung „Flusskiesel" in ihrem Sortiment.

WACKELIGE STEINE

Wenn ein Stein zu sehr wackelt, kann das durch einen selbstklebenden Filz oder mit kleinen Gummistoppern ausgeglichen werden. Sie können ihn so in die Position bringen, in der Sie ihn haben möchten.

So ist es möglich, auch sehr schmale Steine aufrecht stehen zu lassen (s. z. B. Kaiserpinguin auf S. 118).

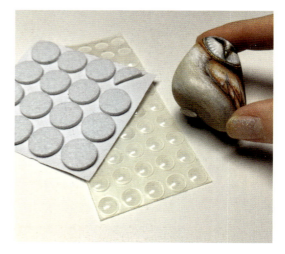

8 GRUNDLAGEN

UNEBENHEITEN IM STEIN

Oft haben Steine Löcher, die beim Bemalen stören. Diese lassen sich mit übermalbarer Universalspachtelmasse entfernen. Am besten trägt man diese mit einem kleinen Spachtel auf, wie im Foto unten gezeigt.

TIPP

Je glatter der Stein ist, umso filigraner wird die Malerei zur Geltung kommen.

Wenn Sie jedoch perfekte Ergebnisse erzielen möchten, empfiehlt es sich, dass Sie Ihre Steine passgenau mit Gips und Silikonformen selbst herstellen. Wie das geht, erfahren Sie auf S. 18.

Bei mehreren kleinen Löchern nebeneinander kann man die Masse auch mit dem Finger verstreichen. Vielleicht braucht man dazu noch etwas Wasser.

DIE ACRYLFARBEN FÜR IHRE STEINKUNST

Steine lassen sich gut mit Acrylfarben, mit Acryllack und Ölfarben bemalen.

Im Handel gibt es auch Stifte, die dafür verwendet werden können.

FARBSYMBOLE

Hochwertige Acrylfarben sind mit kleinen Quadraten gekennzeichnet:

- ☐ Lasierend
- ◩ Halblasierend
- ◩ Halbdeckend
- ■ Deckend

Lichtechte Farben bekommen zusätzlich noch Sternchen ***. Dabei steigt die Qualität mit der Anzahl der Sternchen.

ABSCHLUSSLACK

Mit einem großen und weichen Pinsel kann der transparente Acryllack flott aufgetragen werden. Das verleiht den Farben Brillanz und gibt dem Werk zusätzlichen Schutz.

10 GRUNDLAGEN

TIPPS FÜR GRANDIOSE ERGEBNISSE

TROCKNEN UND VERSIEGELN

Lassen Sie Ihren Stein mindestens 24 Stunden lang trocknen, aber bedenken Sie auch: Je dicker die Farbschicht, umso länger ist die Trocknungszeit. Danach können Sie Ihrem bemalten Stein mit Firnis für Acrylfarben einen zusätzlichen Schutz vor Schmutz, Staub und Vergilbung geben. Firnis gibt es in glänzend, matt und seidenmatt, je nachdem wie es Ihnen am besten gefällt. Ein Synthetikpinsel eignet sich zum Auftragen sehr gut, da er keine Haare verliert. Alternativ können Sie auch einen Sprühfirnis oder transparenten Sprühlack verwenden.

FARBEN UND WASSER

Aufgrund der hohen Farbpigmente können Sie Ihre Farben auch mit etwas Wasser verdünnen, um das Auftragen zu erleichtern. Passen Sie jedoch bei der Dosierung auf: verwenden Sie zu viel Wasser, läuft Ihnen die Farbe auf dem Stein davon. Verwenden Sie zu wenig, erhalten Sie bei Punkten kleine Spitzen dazu. Mit etwas Übung erhalten Sie die richtige Konsistenz. Sollten Sie mit der Wasserzugabe nicht zurecht kommen, können Sie stattdessen auch ein Pouring Medium verwenden. Es macht die Farbe flüssiger, hält aber trotzdem die Farbpigmente zusammen und es bilden sich keine störenden Luftbläschen in den Farben.

TIPP

Wenn Sie Metallic-Farben benutzen, wählen Sie einen seidenmatten Firnis. So bleibt das Schimmern der Farbe auch nach Versiegelung enthalten.

11

PINSEL & WERKZEUGE

Wer vor einem Regal voller Pinsel steht, sollte als Erstes die Sorte für die Acrylfarbe nehmen. Pinsel für Aquarelle sind in der Regel zu weich und daher nicht geeignet.

PINSELAUSSTATTUNG

a) Der Synthetikpinsel zum Lackieren ist weich und breit (Größe 16).

b) Die Katzenzunge ist gut für größere Farbflächen (Größe 10).

c) Der borstige Schulmalpinsel ist ideal zum Fellmalen (Größe 9).

d) Alter Borstenpinsel für präzises Fell (Größe 1).

e) Dieser flache Pinsel ist gut für kleine Flächen mit präzisem Rand (Größe 2).

f) Ein solcher abgenutzter Pinsel sollte auf keinen Fall fehlen (Größe 1).

g) Für lange Schnurrbarthaare ist dieser Pinsel perfekt (Größe 1,5).

h) Für Lichtpünktchen in den Augen findet der Kleinste seine Bestimmung (Größe 0).

GRUNDLAGEN

WEITERE WERKZEUGE

a) Runde Kappen von verschiedenen Stiften eignen sich gut für größere Punkte. Sie sollten eine glatte Fläche haben.

b) Die Rückseiten von Häkelnadeln sind schön rund, und oft hat man verschiedene Größen vorliegen.

c) Der Radiergummi eines Bleistifts eignet sich nicht nur zum Dotten, sondern auch als Halterung für Reißnägel oder runde Ohrstecker, die du hineindrücken kannst.

d) Das Ende eines Pinselstiels macht tolle Punkte. Die verschiedenen Breiten bringen hier Variationen.

e) Stricknadeln in verschiedenen Größen eignen sich auch hervorragend.

f) Kugelschreiber machen schöne kleine Pünktchen. Sie haben vielleicht einen zu Hause, der nicht mehr schreibt.

WERKZEUGE FÜR FORT-GESCHRITTENE

Mit Acrylstäben in verschiedenen Stärken und den sogenannten Dotting Tools sind Sie bestens für Punkte und Mandalamotive ausgestattet. Die unterschiedlich großen Kugeln an den Enden der Dotting Tools sorgen für gleichmäßige Punkte. Oft sind sie im Set (Dotting Tools + Acrylstäbe) erhältlich. Embossing-Prägestifte sind für die kleinsten Feinheiten geeignet. Es gibt sie in den Kugelgrößen 0.5 mm – 0.8 mm. Die kleinste Größe ist in der Regel nicht in diesem Set enthalten. Auch Stopfnadeln eignen sich gut für winzige Punkte und Details.

MALTECHNIKEN

Wenn Sie schon Acrylfarben zu Hause haben, dann probieren Sie aus, ob sie sich fürs Punktemalen eignen. Wenn das mit Ihren Farben nicht so gut klappt, probieren Sie es mit Acryllack auf Wasserbasis.

PUNKT FÜR PUNKT

Wenn Sie keine Dotting-Tools besitzen, können Sie auch einfach die Pinselstiele verwenden. Acryllack auf Wasserbasis lässt sich gut übermalen und macht schöne, dicke Punkte. Nehmen Sie sich dafür ein bisschen Zeit.

Für die Punkte halten Sie den Pinsel einfach mal anders herum und arbeiten also mit dem Ende des Pinselstiels.

Für die ganz kleinen Pünktchen verwenden Sie Zahnstocher.

Die gleichmäßigsten Punkte entstehen, wenn Sie sie mit nur einem Tupfer auf den Stein bringen.

Es lohnt sich also, das Punkten etwas zu üben – Sie werden mit tollen Punktreliefs auf Ihren Steinen belohnt.

Dicke Farbtropfen sind sehr schön, haben aber leider den Nachteil, dass Sie mit fünf bis acht Stunden Wartezeit rechnen müssen, bis alles trocken ist.

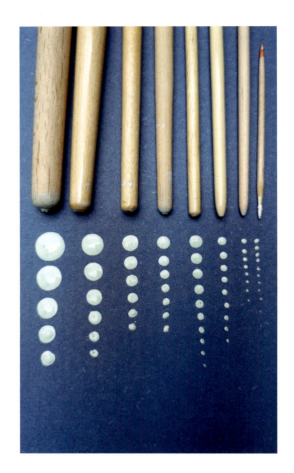

14 GRUNDLAGEN

LASIEREN

Um die Technik beim Lasieren besser zu zeigen, wurde hier im Beispiel ein Blatt in Schwarz und Weiß gemalt. Anschließend sind Braun, Grün und Gelb lasierend darüber gelegt worden. Stellen Sie sich einen Wassertropfen vor, dem Sie etwas Farbe schenken. So sollte die lasierte Farbe sein.

Probieren Sie dabei sowohl deckende als auch lasierende Farben aus. Lasierendes Weiß muss nicht besser sein als deckendes Weiß mit Wasser. Bei Braun und Gelb empfiehlt sich aber für diese Technik nur lasierende Farben (die entsprechenden Farbsymbole findet ihr auf Seite 10 erklärt.).

WEISSER UNTERGRUND

Im Bild sehen Sie einen dunklen Stein, an dem die Wirkung der Grundierung mit Weiß gezeigt wird: Auf der linken Seite wurde nur eine Farbschicht, in der Mitte zwei und rechts drei Schichten aufgetragen. Wenn die Bemalung Ihres Steins hell und leuchtend werden soll, ist die weiße Grundlage wichtig, damit Ihre Farben darauf strahlen können. Nur wenn der Stein sehr dunkel oder schwarz bleiben soll, ist die weiße Grundierung nicht nötig.

MOTIVE ÜBERTRAGEN

Hier kommen ein paar Tipps, um komplizierte Ornamente und schwere Motive zu kopieren und die perfekten Umrisse leicht auf den Stein zu bringen. Dafür können Sie Ihr Motiv entweder auf Papier ausgedruckt nehmen oder Pauspapier verwenden. Bei weißem Papier können Sie es bei Tageslicht gegen das Fenster legen, um die Rückseite zu bearbeiten. Sie können sogar ein Foto von Ihrem Handy gleich mit einem Bleistift (H oder HB) auf Pauspapier abzeichnen und anschließend mit einem dünnen Fineliner die Linien nachziehen.

Anschließend drehen Sie das Papier um und bearbeiten die Rückseite mit einem weichen Bleistift (B). Der Bleistift soll großzügig angewendet werden, denn nur die Linien, die der Kugelschreiber von der Vorderseite aus durchdrückt, werden zu sehen sein.

Den Stein sollten Sie dafür mit einer hellen Schicht Farbe versehen, die Sie nur ganz dünn mit einem dicken, weichen Pinsel auftragen.

Jetzt können Sie Ihr Papier mit Klebeband auf den Stein platzieren, um anschließend mit einem Kugelschreiber alle Linien mit etwas Druck durchzudrücken.

TIPP

Wenn Sie feine, lange Linien malen wollen, sollte Ihr Pinsel eine gut zulaufende Spitze haben und etwas länger sein, damit er die Farbe aufnehmen kann, die nachfließen soll. Pinsel mit zu wenig Haaren können die Farbe nicht halten.

Die Konsistenz der Farbe sollte dabei etwa wie dicke Kaffeesahne sein, also ein bisschen Wasser zugeben und alle Klümpchen verstreichen.

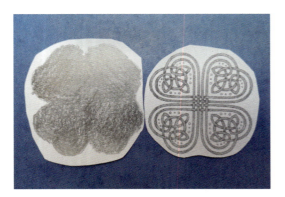

16 Grundlagen

„SWIPES" UND „WALKING THE DOTS"

Mit diesen beiden Techniken zaubern Sie bei Mandalamotiven hübsche und kreative Details in Ihre Muster.

Um die „laufenden Punkte" (Walking the Dots) von beiden Seiten symmetrisch zu platzieren, malen Sie als Erstes mit einem feinen Dotting Tool einen Punkt an die Spitze des lilanen Punktes.

Nehmen Sie mit dem Dotting Tool einmalig Farbe auf und setzen Sie einen Punkt nach dem anderen. Die Punkte werden bei jedem weiteren Punkt ein wenig kleiner.

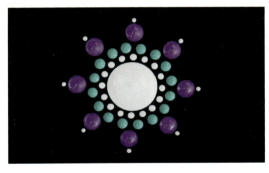

Für das „Wischen" (Swipes) setzen Sie mit dem Dotting Tool einen dicken Punkt. Danach benutzen Sie eine Nadel und ziehen den Punkt langsam nach unten. Mit diesem Tool bestimmen Sie also selbst, welche Form Ihre Swipes haben. Sie malen sie praktisch mit der Nadel aus.

VARIATION:

Swipes können Sie aber auch ganz einfach mit einem Dotting Tool malen. Ziehen Sie die Farbe mit einem Schwung nach unten (links im Bild). Sie können sie auch verlängern, indem Sie immer ein kleines Stück die Farbe herunterziehen, kurz absetzen, etwas weiter oben wieder ansetzen und wieder herunterziehen. Das machen Sie ein paar Mal, bis Sie weiter unten mit einer feinen Linie abschließen (mittig im Bild).

GIPSSTEINE HERSTELLEN

Besonders bei Mandalamotiven ist eine glatte und ebene Oberfläche des Steins unabdingbar, um schöne und saubere Ergebnisse zu erzielen.

Da Sie selten derartige Steine in der Natur finden werden, können Sie auch ganz einfach selbst welche herstellen.

MATERIAL

- Silikonformen
- Gips
- Schleifpapier

WEITERES MATERIAL

- Mischgefäß
- Spachtel zum Anrühren
- Messbecher

Als Erstes kommt 1 Teil kaltes Wasser in Ihren Gipsbecher. Danach fügen Sie 2 Teile Gips zum Wasser hinzu. Verrühren Sie die Masse mit dem Spachtel zu einer cremigen Konsistenz.

TIPP

Die meisten Steine für die Mandalamotive sind schwarz grundiert, da so die Farben schön hervorstechen. Tragen Sie vor jedem Projekt schwarze Farbe auf Ihre (Gips-)Steine und lassen Sie diese gut trocknen, bevor Sie weiter arbeiten.

Gießen Sie die Masse in die Silikonform bis zum oberen Rand. Lieber etwas zu viel als zu wenig. Zu viel können Sie später noch korrigieren.

Klopfen Sie mit Ihren Fingern ringsum die Form ab. So kommen alle eingeschlossenen Luftblasen an die Oberfläche, und Sie haben später eine schöne und glatte Fläche zum Bemalen.

Der Gips braucht ca. 45 Minuten, um fest zu werden. In dieser Zeit erwärmt er sich und wird fest. Sobald er wieder abgekühlt ist, können Sie ihn vorsichtig aus der Form herausnehmen.

Gleich im Anschluss bearbeiten Sie die untere Seite des Steins mit Schleifpapier. Fangen Sie dafür in der Mitte an und arbeiten Sie sich mit sanftem Druck in Richtung Gießkante vor. Abstehendes Material können Sie mit einem kleinen Messer abschaben und schleifen dann nur noch etwas nach.

PROJEKTE

🔹🔹🔹	**FÜR EINSTEIGER**
🔹🔹🔹	**FÜR FORTGESCHRITTENE**
🔹🔹🔹	**FÜR GANZ GEÜBTE**

BLAUE SPIRALE

Dieses Muster ist einfacher, als es auf den ersten Blick erscheint. Die erste Runde ist hier entscheidend. Die Spirale ist ein Symbol aus der heiligen Geometrie. Sie ist häufig in der Natur zu finden: in Sonnenblumen, Schnecken, in unserem Universum und selbst in unserer DNS.

MATERIAL

- Gewölbter Stein, ca. 6,5 cm Durchmesser
- 3 Blautöne
- 2 Türkistöne
- Weiß

WEITERES MATERIAL

- Acrylstäbe
- Dotting Tools
- Nadel oder Stopfnadel

TIPP: Wenn Ihnen die Ideen fehlen, dann ist die Spirale ein willkommenes Muster, mit dem Sie ganz leicht starten können.

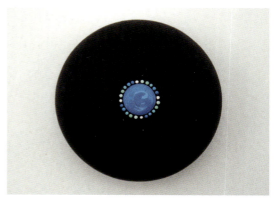

Sie beginnen mit einem dunkelblauen Punkt in der Mitte. Nun malen Sie 4 kleine weiße Punkte auf 3, 6, 9 und 12 Uhr. Wählen Sie den mittleren Ton Ihrer übrigen 5 Farben und setzen Sie je einen Punkt mittig zwischen die weißen.

Sie haben jetzt noch 4 Farbtöne übrig. Die Lücken füllen Sie nun dem Farbverlauf entsprechend mit jeweils 2 Punkten auf, von hell nach dunkel. Ihr Grundgerüst für die Spirale ist geschaffen.

Benutzen Sie das nächstgrößere Tool. Nun malen Sie damit zwischen die Punkte der Vorreihe, immer passend zur Farbe der Vorreihe, den nächsten Punkt. Hier wird der farblich passende Punkt immer rechts entlang gesetzt. Diese Schritte wiederholen Sie die nächsten Runden.

Hier ergibt sich schon sichtbar eine Spirale. Malen Sie so viele Runden, bis Sie den Stein nicht mehr von Hand drehen können.

24 PROJEKTE – MANDALAS

5

Mit Ihrer (Stopf-)Nadel malen Sie die farblich passenden Walking the Dots (s. S. 17) zwischen die großen Punkte. Fangen Sie außen an und arbeiten Sie sich in Richtung Mitte.

TIPP: Füllen Sie Wasser zum Verdünnen der Farben immer in eine kleine Sprühflasche. Damit lässt sich die Menge gut dosieren.

6

Setzen Sie die großen Punkte in derselben Reihenfolge fort, bis Sie ganz unten angelangt sind. Hier können Sie gegen Ende die Punkte wieder etwas kleiner malen, weil der Radius des Steins sich nach unten hin verkleinert.

Nun kommen die feinen Pünktchen, wie in Step 5 beschrieben, dazu. Der Mittelpunkt hat noch Dots in Dots bekommen. Erst ein helles Türkis, danach noch einen in Weiß.

SILVER LININGS

Der Untertitel für dieses Projekt könnte „Monochrom" lauten. Monochrom steht für einfarbig. Abstufungen einer Farbe sind eingeschlossen. Kombiniert mit Weiß und Silber, können Sie Ihr Design noch etwas hervorheben. Hier müssen Sie 6 verschiedene Grautöne mischen, Silber sorgt für schimmernde Highlights. Sie beginnen bei Mandalasteinen mit schwarzer Grundierung.

MATERIAL

- Stein, ca. 6,5 cm Durchmesser
- Schwarz
- Weiß
- Silber

WEITERES MATERIAL

- Acrylstäbe
- Dotting Tools
- Feine Stopfnadel

1

Den Mittelpunkt setzen Sie mit Silber. Um diesen kommen weiße Punkte, hier sind es 16 geworden. Danach noch 2 weitere Runden mit immer größer und dunkler werdenden Dots.

2

Mit dem dunkelsten Grau setzen Sie recht große Punkte zwischen jeden zweiten Punkt der Vorreihe, am besten mit einem Ihrer Acrylstäbe. Darüber 2 Runden Walking the Dots, erst in Weiß mit Ihrem Prägetool, danach in einem helleren Grauton mit einem etwas größeren Tool.

3

Ein großer weißer Punkt kommt über die Walking Dots hinzu und 4 kleine Pünktchen in die Lücken zwischen die großen grauen Dots. Zum Schluss malen Sie die Swipes (s. S. 17).

3 große silberne Punkte malen Sie, wie im Bild angeordnet. Mit Ihrer feinen Stopfnadel kommen die winzigen Walking the Dots hinzu. In diesem Beispiel wurde dafür die Nadel direkt in die frische Farbe getaucht, damit sie wieder ganz wenig Farbe aufzunehmen kann.

3 Runden Walking the Dots in unterschiedlichen Grautönen kommen nun hinzu. Darüber noch 3 große weiße Punkte und mit dem Holzspieß die feinen Walking the Dots. Hierfür wurde in diesem Beispiel das Tool in den Farbtopf getaucht.

Mit einem größeren Dotting Tool setzen Sie die silberfarbenen Walking the Dots am Rand. Das ist immer eine schöne Möglichkeit, das Design etwas stimmiger und vollendeter wirken zu lassen.

Die großen dunklen Punkte haben versetzte Dots in Dots erhalten. Auch die zweite und dritte Reihe um den Mittelpunkt haben hellere Pünktchen dazubekommen, diesmal aber mittig.

Den Mittelpunkt können Sie wieder mit einer zweiten Farbschicht verstärken. Die großen dunklen Punkte haben als dritte Farbschicht noch weiße Dots in Dots bekommen.

TIPP: Ihre Farben können Sie in kleinen Paint Pots Strips aus Kunststoff aufbewahren. Aber auch kleine Glastiegel oder Cremedöschen eignen sich gut.

BUNTES TREIBEN

Farbkombinationen auszuwählen macht eine Riesenfreude. Alles ist erlaubt, und das ist das Schöne dabei. Seien Sie ruhig mutig in der Farbauswahl! Sie werden am Ende mit einem einzigartigen Kunstwerk belohnt.

MATERIAL

- Gewölbter Stein, ca. 6,5 cm Durchmesser
- 2 Gelbtöne
- 2 Orangetöne
- 4 Pinktöne
- 3 Blautöne
- Weiß
- Zinn

WEITERES MATERIAL

- Acrylstäbe
- Dotting Tools
- Feine Stopfnadel

Zuerst setzen Sie einen weißen Punkt in die Mitte und um diesen herum feine Pünktchen in Zinn. Mit demselben Tool setzen Sie nun Ihr hellstes Blau zwischen jeden zweiten Punkt Ihrer Vorreihe. In die übriggebliebenen Lücken kommen etwas größere mittelblaue Dots hinzu.

Mit einem kleinen Acrylstab und Ihrem kräftigsten Pink setzen Sie Punkte über die hellblauen. Hier kommen nun 2 Runden Walking the Dots in Zinn und in Weiß hinzu. Dafür benutzen Sie eines Ihrer feineren Kugeltools.

Zwischen die pinken Punkte setzen Sie nun übereinander Ihre Gelb- und Orangetöne als Farbverlauf. Nun kommen weiße Swipes hinzu. Hier wurden Sie mit einem Schwung gemalt. Über den Swipes kommen die Walking the Dots in Zinn und ein Punkt an der Spitze der weißen Swipes hinzu.

Die hellsten 3 Pinktöne setzen Sie übereinander. An der Spitze des letzten pinken Dots setzen Sie anschließend mit Zinn an und malen die Walking the Dots. Darüber dasselbe nochmal in Weiß.

32 PROJEKTE – MANDALAS

Ein hellblauer größerer Punkt kommt über die letzten weißen Walking Dots hinzu. In die ersten pinken Punkte setzen Sie einen helleren, kleineren Punkt. Danach dasselbe nochmal mit Ihrem hellsten Rosaton. So bekommt der Stein einen schönen 3D-Effekt.

Zum Schluss hat der letzte blaue Punkt noch einen kleineren in Zinn erhalten. Mit Ihrem dunkelsten Blauton malen Sie noch ein paar Punkte nach unten hin, links und rechts davon Dots in helleren Blautönen.

TIPP: Wenn Sie den Stein nicht mehr von Hand drehen können, ohne die Farbe dabei zu berühren, legen Sie ihn z. B. auf einen sehr flachen Stein oder eine Ihrer Silikonformen, verschiedene Deckel oder kleine Kappen von Hygieneartikeln. Zusätzlich können Sie ihn mit etwas Klebeband befestigen, so rutscht er auch nicht weg.

BOHO-HIPPIE-VIBES

Grenzenlos und völlig frei ist dieser Stilmix. Die Kombination aus schlichten und exotischen Farben versprüht einen besonders lässigen Charme. Trauen Sie sich ruhig auch in Ihren Farbkombinationen wild zu mischen. Die Ergebnisse sind grandios.

MATERIAL

- Flacher Stein, ca. 7,5 cm Durchmesser
- 3 Blautöne
- 3 Türkistöne
- Gelb
- Orange
- Rot
- Bronze
- Weiß

WEITERES MATERIAL

- Acrylstäbe
- Dotting Tools
- Feine Stopfnadel

Setzen Sie Bronze als Mittelpunkt. Mit dem hellsten Türkiston und dem feinen Prägetool setzen Sie viele kleine Pünktchen um diesen herum. Jede weitere Runde wird die Farbe etwas dunkler und die Punkte größer. In der dritten Runde lassen Sie jede zweite Lücke frei.

Einen kleinen gelben und 2 orangene Punkte setzen Sie in die Lücken der Vorreihe. Über diesen setzen Sie einen größeren Punkt in Rot.

Mit Ihrer Stopfnadel ziehen Sie die Swipes in Bronze um den roten Punkt und darüber dunkeltürkisene Walking the Dots. Die großen roten Punkte und die letzten türkisfarbenen haben Dots in Dots bekommen.

Mit Hellblau setzen Sie die 5 unterschiedlich großen Punkte zwischen die roten der Vorderreihe.

5

Auf Höhe der roten Punkte setzen Sie einen weißen Punkt. Danach einen etwas kleineren über den letzten blauen Punkt. Mit Ihrem feinen Pinsel malen Sie die Walking the Dots.

6

Ein gelber, orangener und ein roter Punkt kommen nacheinander dazu. Etwas Bronze setzen Sie auf die großen roten, die weißen und die letzten blauen Punkte. In die 4 blauen Punkte kommen versetzte Dots in Dots dazu. Erst in Dunkelblau, danach in Weiß.

7

Um den roten Punkt kommen weiße Walking the Dots, Swipes in hellerem Türkis und eine Runde dunkeltürkisene Walking the Dots hinzu. Mit bronzenen Walking the Dots füllen Sie die Lücken am Rand. Sind die Swipes trocken, malen Sie mit Ihrer Stopfnadel und Ihrem hellsten Türkis nochmals Swipes hinein.

TIPP: Frisch aufgetragene Grundierungen können Sie mit einem Föhn trocknen, wenn Sie direkt loslegen möchten und es nicht abwarten können. Aber Vorsicht: NUR die Grundierung, nicht Ihre Dots.

LILA SCHMUCKSTÜCK

Es ist immer faszinierend, dass man aus einem einzigen Farbton so viel herausholen kann. Mischen Sie aus Weiß und Lila 5 verschiedene Lilatöne zu einem Farbverlauf. Mit der Zugabe von Weiß kann man wunderbar spielen.

MATERIAL

- Kugelförmiger Stein, ca. 7,5 cm Durchmesser
- Weiß
- Lila

WEITERES MATERIAL

- Acrylstäbe
- Dotting Tools
- Feine Stopfnadel

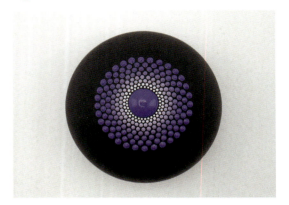 

Beginnen Sie den Punkt in der Mitte mit Ihrem dunkelsten Farbton. Danach folgt eine gerade Anzahl an feinen weißen Pünktchen. Jede weitere Runde wird der Punkt etwas größer und der Ton dunkler. Die letzten 3 Runden haben den gleichen Ton wie der Mittelpunkt.

Zwischen jede zweite Lücke setzen Sie Ihren zweithellsten Lilaton, darüber weiße Walking the Dots. Weitere Swipes und Pünktchen kommen dazu, zuerst mit Ihrem hellsten Lilaton, danach in Weiß. Kleine weiße Punkte füllen die Lücke an den Spitzen der Swipes.

4 Punkte in verschiedenen Lilatönen malen Sie hintereinander auf. Benutzen Sie Ihr feines Prägetool und ziehen Sie erst die dunklen Swipes zurecht. Danach folgen die helleren Swipes, welche von der Höhe etwas versetzt zueinanderstehen.

Einen großen Punkt im Ton der hellsten Swipes platzieren Sie darüber. In die Punkte der Viererfolge kommen erst hellere und danach dunklere Dots in Dots dazu. Weiter oben haben die Punkte auch dunkle kleine Dots erhalten.

Setzen Sie die Walking the Dots und die Swipes um den äußersten großen Punkt. In diesem Beispiel sind sie von dunkel nach hell geordnet. Der große Punkt hat noch einen etwas dunkleren Dot in Dot bekommen.

Mit einem kleinen Dotting Tool ziehen Sie nun die Swipes. Hier wurde mit Weiß begonnen, woraufhin es immer dunkler geworden ist. Den mittigen Swipe wurde mit der Nadel-Technik ausgefüllt.

Der Mittelpunkt hat ein paar helle Dots in Dots erhalten. Auch die unteren Punkte, um die sich die Walking the Dots schwingen, haben lila Punkte dazubekommen.

TIPP: Mischen Sie Ihre Farbtöne an und fügen Sie etwas Wasser hinzu, so sollten Sie gerade zu Beginn ganz langsam rühren. Das vermeidet die Blasenbildung.

SONNENAUFGANG

Die Farbe der Sonne bringt Licht ins Gemüt und muntert auf. Pink strahlt Kraft und Selbstbewusstsein aus. Für 4 verschiedene Pinktöne mischen Sie das Weiß mit dem Karminrot.

MATERIAL

- Gewölbter Stein, ca. 6,5 cm Durchmesser
- 3 Gelbtöne
- Karminrot

WEITERES MATERIAL

- Acrylstäbe
- Dotting Tools
- Feine Stopfnadel

Ein großer karminroter Punkt kommt in die Mitte und feine weiße Pünktchen mit dem Prägetool darüber. Es folgen 3 Runden gelber Dots, beginnen Sie mit Ihrem hellsten Ton. Die großen gelben Punkte haben noch weiße Walking the Dots bekommen.

Die Lücken zwischen den großen gelben Punkten füllen Sie mit 3 unterschiedlich hellen pinken Dots aus. Malen Sie einen größeren pinken Punkt darüber und die weißen Walking the Dots um diesen.

Weiße Swipes ziehen Sie mit Ihrem Prägetool um die Walking the Dots. Darüber noch ein weißer Punkt mit demselben Werkzeug.

Setzen Sie am oberen weißen Punkt die nächsten Swipes mit Ihrem hellsten Pinkton und einen Punkt dort, wo die Swipes enden. Über den weißen Punkt kommen noch 3 hellgelbe hinzu. Die großen gelben und pinken Punkte haben noch hellere Dots in Dots erhalten.

44 PROJEKTE – MANDALAS

Mit Ihrem feinen Pinsel setzen Sie an der Spitze der letzten gelben Punkte an und malen die Walking the Dots.

Nun legen sich Swipes in die freien Stellen. Fangen Sie dafür mit den hellen außen an und arbeiten Sie sich in Richtung Mitte.

2 kräftige gelbe Punkte platzieren Sie über den hellpinken Swipes. Weiße Walking the Dots kommen dazu, wie abgebildet. An deren Spitze setzen Sie immer kleiner werdende pinke Punkte. Unter den großen gelben Punkt gesellen sich weitere Walking the Dots dazu. Die großen Punkte haben noch Dots in Dots bekommen.

TIPP: Kleine Patzer können Sie entweder mit einem feuchten, eingedrehten Wattestäbchen oder einem feinen Pinsel vorsichtig wegstreichen. Eventuell muss eine dünne Schicht in der Farbe Ihrer Grundierung überpinselt werden.

BLAUES WUNDER

Anstatt den Stein vorab mit schwarz zu grundieren, wird hier mit bunten Grundierungen gespielt. Es ist erstaunlich, wie leicht sich die Wirkung eines Musters verändern lässt.

MATERIAL

- Flacher Stein, ca. 6,5 cm Durchmesser
- Metallic Blau
- Weiß
- Schwarz

WEITERES MATERIAL

- Acrylstäbe
- Dotting Tools
- Feine Stopfnadel

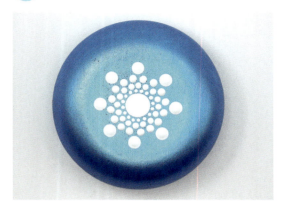

Mit einem Acrylstab malen Sie einen weißen Punkt in die Mitte. Es folgen 3 Runden immer größer werdende weiße Dots. In der vierten Runde malen Sie einen Punkt zwischen jede zweite Lücke der Vorreihe. Dann malen Sie die schwarzen Walking the Dots und danach die geschwungenen Swipes mit einem Punkt darüber. Nutzen Sie für alles das feine Prägetool.

Es folgen nun die weißen Swipes. Arbeiten Sie sich von der Mitte nach außen und malen Sie die Punkte immer etwas kleiner und nach unten versetzt. Mit einem schwarzen Punkt mittig über den weißen Swipes fangen Sie an. Danach malen Sie die feinen Walking the Dots mit dem Prägetool. Darüber kommen nochmals die geschwungenen Swipes mit einem Punkt.

Einen dicken weißen Punkt setzen Sie mit Ihrem Acrylstab zwischen die letzten Swipes. Mit dem Prägetool kommen schwarze Walking the Dots darüber. Nun ziehen Sie die weißen und schwarzen Swipes mit Ihrem Prägetool um den weißen Punkt. Fangen Sie am besten immer mit dem kleinen Dot an der Spitze an und ziehen danach die Swipes.

Ein schwarzer Punkt kommt über die schwarzen Swipes. Um diesen malen Sie 3 Runden Walking the Dots. Die erste Runde können Sie mit dem Prägetool machen, die beiden letzten haben hier viele kleine Pünktchen gebraucht; dafür eignet sich der Holzspieß. 4 gleich große schwarze Punkte sind dazu gekommen, die äußeren wurden ganz leicht nach oben versetzt. Mit dem Holzspieß kamen die Walking the Dots hinzu.

48 PROJEKTE – MANDALAS

5

TIPP: Bei den Swipes mit der Nadel-Technik ist es besonders wichtig, die Nadel nach jedem gezogenen Punkt zu reinigen. Andernfalls setzt sich die Farbe auf der Nadel fest, und Sie bekommen keine schöne Spitze am Ende. Dafür können Sie eine Küchenrolle oder ein altes Stück Stoff verwenden.

Für einen runden Abschluss wurden weiße Swipes in die Lücken gesetzt. Dafür malen Sie einen recht großen weißen Punkt und ziehen ihn mit der Nadel in Form. Die großen weißen und schwarzen Punkte am Rand haben noch je 2 Schichten Dots in Dots erhalten. Auch hier kamen noch einige Dots in Dots hinzu. Sie sind versetzt zum Mittelpunkt angeordnet. Für die kleinsten Dots in Dots können Sie die Stopfnadel verwenden.

FRÜHLINGSGEFÜHLE

Der Frühling erwacht, und die ersten Blumen blühen, die Tage werden wieder länger, und die Sonne erwärmt Ihre Haut – all das ist eine schöne Inspiration für diese Farbwahl. In diesem Motiv dominiert Grün und wird mit den pinken Akzenten effektiv unterstrichen.

MATERIAL

- Flacher Stein, ca. 9,5 cm Durchmesser
- Zinn
- Weiß
- 6 Grüntöne
- 3 Pinktöne

WEITERES MATERIAL

- Acrylstäbe
- Dotting Tools
- Feine Stopfnadel

Um den Mittelpunkt in der Farbe Zinn malen Sie 7 Runden. Beginnen Sie mit einer geraden Anzahl an weißen Punkten, jede weitere Runde wird einen Ton dunkler und die Punkte eine Nummer größer.

Ihr kräftigstes Pink setzen Sie zwischen jeden zweiten Punkt der Vorreihe. Mit Ihrem Prägetool malen Sie die weißen Walking the Dots, danach nochmal welche in Ihrem hellsten Rosaton.

Jetzt kommen die Swipes in Zinn dazu. Ziehen Sie sie Stück für Stück mit Ihrem Dotting Tool in Richtung Mittelpunkt. Über die Swipes malen Sie einen Punkt in mittlerem Pink und mit Ihrem feinen Pinsel die Walking the Dots.

Zwischen jede zweite Lücke der letzten grünen Runde malen Sie einen weißen und darauf einen kleineren Punkt in Zinn. Die grünen Swipes ziehen Sie mit Ihrer Stopfnadel in die gewünschte Form. Fangen Sie dabei mit den dunklen in der Mitte an.

52 PROJEKTE – MANDALAS

Hier haben die grünen Runden um den Mittelpunkt und die großen pinken Punkte je zwei Dots in Dots erhalten. Hierfür wurde immer der nächsthellere Ton gewählt.

Zwischen die Punkte der ersten 7 Reihen setzen Sie nun mit Ihrem feinen Pinsel je 2 kleine Punkte als Walking the Dots. So lassen sich kleine Lücken gut füllen. Haben Sie nicht genügend Platz dafür, können Sie sie auch weglassen.

TIPP: Für mehr Volumen können Sie einzelnen Punkten eine extra Schicht Farbe verpassen. Dazu benutzen Sie am besten ein etwa gleich großes Tool und tupfen die Farbe vorsichtig auf. Achten Sie darauf, dass die Farbe nicht über den Punkt überschwappt.

Über die grünen Swipes malen Sie 3 Runden spitze Walking Dots und darüber noch einen pinken Punkt. Achten Sie auf den Farbverlauf. Abschließend fügen Sie noch ein paar unterschiedlich große Dots in Zinn an den Seiten hinzu.

LILA LAUNE

In diesem Motiv entsteht ein wunderschöner Farbverlauf. Mit Weiß mischen Sie die Farben immer ein wenig heller.

Etwas Bronze gibt dem Stein schöne Akzente. Ihr Gedankenfluss kommt zur Ruhe, und Sie können dadurch so gut entspannen.

MATERIAL

- Flacher Stein, ca. 9,5 cm Durchmesser
- Lila
- Pink
- Weiß
- Bronze

WEITERES MATERIAL

- Acrylstäbe
- Dotting Tools
- Feine Stopfnadel
- Feiner Pinsel

 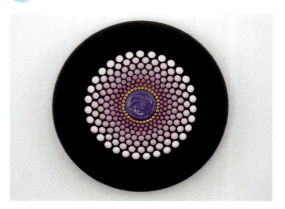

Einen großen lila Punkt setzen Sie in die Mitte. Um diesen schlingen sich viele kleine Punkte in Bronze. Hierbei müssen Sie nicht darauf achten, dass es eine gerade Anzahl an Punkten ergibt. Eine weitere Reihe in Pink kommt hinzu.

Nun mischen Sie Pink mit Weiß etwas heller und malen die nächste Runde mit einem etwas größeren Tool. Das wiederholen Sie ein paar Runden, bis ungefähr zur Mitte des Steins. Dort angelangt, sollte ein sehr helles Rosa herauskommen. Sie können die Farben dafür auf einer Malpalette anmischen.

 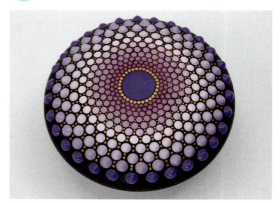

Mit einem feinen Holzspieß (Stopfnadel oder feiner Pinsel funktionieren auch) malen Sie zwischen die Lücken Ihre Punkte kleine Pünktchen in Bronze. Tunken Sie dafür einmalig in Ihre Farbe, so werden sie immer kleiner. In das helle Rosa mischen Sie anschließend ganz wenig Lila hinzu. So bekommen Sie einen schönen Farbverlauf ins Lila. Hier sind es 3 weitere Reihen geworden.

Nun kommen wieder die Pünktchen in Bronze hinzu. Da die Lücken bei jeder Reihe etwas größer werden, wurde ab hier bei jedem bronzenen Punkt Farbe aufgenommen. Dann kommt eine letzte Reihe mit Ihrem dunkelsten Lilaton dazu. Hier können Sie etwas mehr Abstand zu den bronzenen Punkten lassen, das hilft Ihnen beim nächsten Schritt.

5

6

Mit dem feinen Holzspieß malen Sie die Walking the Dots. Darüber platzieren Sie mit etwas Abstand einen etwas größeren Punkt und mit dem Holzspieß noch ein paar kleine Dots.

Die letzte Reihe Lila wurde noch mit ein paar helleren Dots in Dots verziert. Auch der Mittelpunkt hat eine großzügige Schicht Lila bekommen.

TIPP: Die Farbpalette mit der Restfarbe können Sie vor Austrocknung schützen, indem Sie sie in einem 3-l-Gefrierbeutel mit Zippverschluss verschließen. So hält sich die Farbe noch gute 2–3 Tage, und Sie können sie später verwenden.

ORIENTALISCHER TRAUM ♦♦♦

Das natürliche und schlichte Design kann sehr beruhigend wirken. Bronze verleiht diesem Mandalastein das gewisse Etwas und lässt ihn strahlen. Mit Beige und einem dunklen Braun mischen Sie 6 verschiedene Brauntöne, von hell bis sehr dunkel.

MATERIAL

- Gewölbter Stein, ca. 6,5 cm Durchmesser
- Beige
- Dunkles Braun
- Bronze

WEITERES MATERIAL

- Acrylstäbe
- Dotting Tools
- Feine Stopfnadel

Beginnen Sie mit einem großen bronzenen Punkt in der Mitte. Um diesen setzen Sie 16 hellbeige Punkte. Mit Ihrer Stopfnadel tauchen Sie direkt in die hellen Punkte und setzen winzige Punkte in die Lücken. Danach malen Sie mit Ihrem nächstdunkleren Beige zwischen jeden zweiten Punkt einen etwas größeren.

Setzen Sie Ihr zweitdunkelstes Braun in die übrigen Lücken. Wählen Sie ein Tool aus, welches die Lücken gut ausfüllt. Danach kommen 2 Pünktchen nebeneinander über die hellen Punkte. Darüber setzen Sie einen dunkelbraunen großen Punkt und einen kleinen über diesen.

Mit Ihrem kleinen Prägetool malen Sie die Swipes in Bronze. Mit der Stopfnadel malen Sie die Walking the Dots um die Swipes und einen Punkt an die Spitze. Die dunklen Punkte haben noch Dots in Dots bekommen, erst hellere und in diese nochmals ganz dunkle kleine.

4 dunkelbraune Punkte platzieren Sie in den Lücken zwischen den Swipes. Darüber setzen Sie einen kleinen Punkt und die Swipes in Beige und die Walking the Dots in Bronze. Die 4 braunen Punkte haben bronzene und hellbeige Dots in Dots bekommen.

60 PROJEKTE – MANDALAS

5

6

Die nächsten 4 Punkte haben ein etwas helleres Braun erhalten. Danach setzen Sie wieder die Dots in Dots, erst in Bronze und danach in Beige. Darüber die Swipes und Walking the Dots.

Hier wiederholt sich der Schritt noch einmal. Diesmal mit 4 hellbeigen Punkten. Die Dots in Dots, die darüberliegenden Swipes und Walking the Dots bleiben wie in den letzten Reihen farblich dieselben.

TIPP: Üben Sie die Swipes z. B. auf einem Fotokarton, damit Sie ein besseres Gefühl dafür bekommen.

FLIEGENDE LIBELLE

Für dieses tierische Motiv benötigen Sie etwas Übung und ein wenig Geduld, da Sie hier sehr filigran arbeiten müssen.

Mit einer ruhigen Hand gelingt Ihnen die zarte Libelle auf jeden Fall.

MATERIAL

- Flacher Stein, ca. 10 cm Durchmesser
- Schwarz
- Braun
- Weiß
- Türkis
- Gelbgrün

WEITERES MATERIAL

- Bleistift
- Pinsel (Größe 2, 1 und 0)

Beginnen Sie mit einem Bleistift auf einem großen Stein, damit Ihre Libelle etwa 9 cm lang werden kann.

Bedecken Sie mit Weiß den Körper und geben ein wenig davon in die Flügel. Nutzen Sie hierfür den Pinsel für kleine Flächen (Größe 2).

Darüber kommt dann das Türkis und Gelbgrün. Wenn Sie kein Türkis haben, können Sie ein bisschen Gelb in Ihre blaue Farbe mischen. Auch bei dunklerem Grün kann man Gelb dazugeben.

Mit der schwarzen Farbe entsteht jetzt das Muster der Libelle, und wenn Sie geübter sind, können Sie sich an die kleinen Herzchen im Muster wagen. Die sind natürlich künstlerische Freiheiten. Auch kleine Buchstaben sind möglich, aber noch ein bisschen schwerer. Ein Pinsel der Größe 1 eignet sich dafür gut.

5

Fügen Sie mit dem feinsten Pinsel viele zarte Linien auf dem Flügel hinzu. Wenn Ihnen das nicht so gut gelingt, können Sie die Dekoration auch mit mehr Pünktchen gestalten. Solche Feinheiten können Sie am besten mit einem Pinsel der Größe 0 erzielen.

6

Durch den mit Wasser und Schwarz gemalten Schatten erhebt sich die Libelle und durch kleine Wassertropfen entsteht eine schönere Gesamtkomposition. Den Schatten können Sie mit einem nassen Pinsel ohne Farbe in einem Übungsdurchgang probieren.

TIPP: Wenn Sie einen geeigneten Stein finden, der größer ist, können Sie sich auch an ein Kunstwerk mit mehreren Libellen wagen.

NIEDLICHER PANDA

Wer kann diesen Augen schon widerstehen? Hier ist etwas Fingerspitzengefühl gefragt, doch es lohnt sich. Um die Fellstruktur hinzubekommen, nutzen Sie am besten verschiedene Pinselgrößen.

MATERIAL

- Ovaler Stein, ca. 9 cm lang
- Schwarz
- Weiß
- Ocker
- Braun

WEITERES MATERIAL

- Bleistift
- Pinsel (Größe 10, 9 und 1)

66 PROJEKTE – TIER- UND NATURMOTIVE

Zeichnen Sie mit dem Bleistift das Gesicht des Pandas auf den Stein vor. Typisch bei dem Tier sind die etwas hängend wirkenden Ringe um die Augen herum.

Das weiße Fell mischen Sie mit Ocker und Braun ab, bei den schwarzen Flecken geben Sie Braun und auch ein wenig Weiß dazu. Unterstützt werden Sie beim dabei mit den Pinselgrößen 10 und 9.

Von oben betrachtet, hat der Arme plötzlich keine Schnauze mehr. Da dürfen Sie einfach mal darüber wegsehen und Ihren Blick auf das entstandene Fell richten. Setzen Sie Details im Fell mit dem Borstenpinsel (Größe 9) und schwarzer Farbe.

Arbeiten Sie nun die Rundung des Kopfes mit Licht und Schatten aus. In die kleinen, braunen Augen setzen Sie mit einem feinen Pinsel die Lichtreflexe. Für die ersten Details verwenden Sie einen feinen Pinsel (Größe 1).

Am Hinterteil lassen sich weiche Farbübergänge von Weiß nach Schwarz wunderbar mit dem Borstenpinsel streichen. Drücken Sie dabei den Pinsel nicht zu sehr auf, sondern streichen Sie nur zart damit über den Stein.

Als Letztes verlängern Sie mit dem feinsten Pinsel einzelne Fellhaare und winzige Barthaare. Wenn Ihnen das nicht so gut gelingt, sollten Sie nicht vergessen, dass dieses Motiv nicht unbedingt ein ausgeprägtes, filigranes Fell braucht, um schön auszusehen.

FLAUSCHIGES KÄTZCHEN

Diese Katze aus Stein schnurrt zwar nicht, ist aber dennoch ein wahrer Hingucker, der ein bisschen Übung erfordert.

Beim Malen mit dem Borstenpinsel sollten Sie darauf achten, dass sich nicht zu viel Farbe auf dem Pinsel befindet.

MATERIAL

- Flacher Stein, ca. 10 cm Durchmesser
- Weiß
- Grau
- Schwarz
- Ocker
- Braun
- Blau
- Lasierendes Braun

WEITERES MATERIAL

- Bleistift
- Pinsel (Größe 9, 2 und 1)

Zeichnen Sie mit Bleistift die Katze auf dem Stein vor. Achten Sie dabei darauf, dass die Ohren nicht in einer Steinrundung verschwinden.

Mit einem großen Borstenpinsel (Größe 9) können Sie das Fell mit Schwarz, Grau und Ocker oder Braun großzügig anlegen.

Danach kommt Farbe ins Gesicht. Nehmen Sie dafür zuerst die helleren Farbtöne. Nutzen Sie hierfür einen flachen Pinsel für kleine Flächen (Größe 2).

Um das Muster auf dem Fell entstehen zu lassen, können Sie einen kleinen Pinsel nehmen, der vorne schön ausgefranst ist (Größe 1). Viele Farbschichten ergeben dann ein weiches Fell.

72 PROJEKTE – TIER- UND NATURMOTIVE

Im nächsten Schritt malen Sie die blauen Augen dazu. Auch das Fell bekommt mit einem lasierenden Braun einen weiteren Schliff. Es wirkt dadurch weicher.

Die Lichtreflexe in den Augen und die Schnurrhaare setzen Sie mit dem feinen Pinsel. Anschließend noch die Haare in den Ohren verlängern. Auch das Fell ist durch weitere Farbschichten jetzt noch natürlicher geworden.

TIPP: Spielen Sie beim Kreieren des Fells auch gerne einmal mit anderen Farben. Wie wäre es mit einer rötlichen Tigerkatze? Hierfür nutzen Sie verschiedene Rot- und Orangetöne und setzen mit Weiß die Highlights ins Fell.

WEISE SCHILDKRÖTE

Dieses Projekt ist etwas ganz besonderes, denn hier brauchen Sie nicht nur einen Stein, sondern gleich sechs!

Beim Muster des Panzers können Sie Ihrer Fantasie freien Lauf lassen. Hier wurde eine zarte Frangipaniblüte platziert.

MATERIAL

- 6 Steine
- Weiß
- Ocker
- Gelb
- Orange
- Braun
- Schwarz
- Grün
- Gold
- Weiß (Acryllack)
- Gelb (Acryllack)
- Orange (Acryllack)

WEITERES MATERIAL

- Bleistift
- Pinsel (Größe 9, 2 und 1)

1

Mit dem Bleistift zeichnen Sie das Gesicht für den Schildkrötenkopf vor, und der Panzer erhält die Umrisse der Frangipaniblüte. Die Flossen sind mit Weiß grundiert, das kann je nach Dunkelheit der Steine auch mehrfach ausgeführt werden.

2

Tragen Sie etwas Weiß und Oker auf Blüte, Kopf und an den Flossen auf. Mit Dunkelgrün umrahmen Sie die Blüte. Ein Farbgemisch aus Weiß, Ocker, Gelb und Orangerot rundet den Korpus ab. Für die Grundierung eignen sich Pinsel der Größe 9 und 2.

3

Der Schildkrötenpanzer und die Flossen werden mit weißem Acryllack gepunktet. Nutzen Sie hier Pinselgröße 1. Mit brauner Farbe können Sie noch Akzente auf dem Gesicht der Schildkröte setzen.

4

Bemalen Sie das Auge der Schildkröte mit Weiß, Gelb, Orange und Schwarz. Die Augenlieder umrahmen Sie mit kleinen Pünktchen (Pinselgröße 1). Verwenden Sie für die Dekoration auf dem Panzer den Acryllack in den Farben Weiß, Gelb und Orange. Schauen Sie sich hier vielleicht noch einmal die Seite mit der Maltechnik an. Da können Sie Pinselstiele sehen mit den dazugehörigen Punkten.

Den Kopf gestalten Sie mit Pünktchen fertig, die Augen mit Glanzpunkten und feinen Wimpern. Die Blütenmitte leuchtet in Gelb und Orange. Versehen Sie die oberen Dreiecke mit einem goldenen Überzug, und verzieren Sie zum Schluss die Flossen mit braunen Linien.

Wenn Sie den Panzer einzeln ansehen, werden Sie merken, dass der Stein alleine ohne Kopf und Flossen auch ein interessantes Motiv zum Nachmalen ist.

FATIMAS HAND

Die Hand der Fatima ist zwar ein etwas aufwendigeres Projekt, das viel Feinarbeit erfordert, jedoch fertigen Sie mit diesem Motiv einen Glücksbringer der ganz besonderen Art. Besonders durch die kreierten Lichtreflexe wirkt es, als wäre die Hand aus glänzendem Gold.

MATERIAL

- Stein, möglichst flach
- Schwarz
- Weiß
- Braun
- Gelb
- Blau
- Türkis
- Gelb (Acryllack)
- Orange (Acryllack)

WEITERES MATERIAL

- Bleistift
- Pinsel (Größe 2, 1,5, 1 und 0)
- Lineal (optional)

1

Zeichnen Sie mit dem Bleistift das Motiv vor. Für die beiden Kreise auf dem Handteller können Sie zwei runde Gegenstände als Schablone verwenden, für die Finger kann ein Lineal hilfreich sein.

2

Legen Sie die weiße Farbe (mit Pinselgröße 2) so an, dass stellenweise schon ein leichter Glanz entsteht. Bei der Fläche im großen Kreis können Sie den Pinsel am besten von der hellsten Stelle aus nach außen streichen.

3

Streichen Sie über das Weiß mit einem weniger deckenden Gelb. An den dunklen Stellen können Sie einen Braunton mit dazunehmen.

4

Bei den übrigen Feldern kommen jetzt ein mittlerer Blauton und ein Türkis hinzu, sowie weiße Farbe, die schnell in das noch feuchte Blau gestrichen wird. Verwenden Sie einen feinen Pinsel (Größe 1).

80 PROJEKTE – TIER- UND NATURMOTIVE

5

Mit einem feinen Pinsel mit dunkelblauer Farbe kommen Schnörkel und Linien in die blauen Felder (Größe 1,5). Wenn Sie es schaffen den Pinselschwung ohne Absetzen durchzuführen, wird es schön gleichmäßig. Der orange Acryllack wird mit einem Pinselstiel getupft, wie auch die gelben Mittelpunkte für die Blümchen. Dicke Punkte brauchen jetzt etwa zwei Stunden zum Trocknen.

6

Legen Sie für die letzten Malschritte einen braunen Schatten um die Hand und malen Sie noch feine Linien mit der gleichen Farbe auf die Hand. Mit einem feinen Pinsel (Größe 0) vom Mittelpunkt aus entsteht ein Stern, der mit kleinen Pünktchen aufgelockert wird. Die Schmetterlinge außen herum malen Sie mit Weiß und überziehen Sie anschließend mit Gelb.

KÖNIGLICHER KRONENKRANICH

Bei diesem farbintensiven Motiv spielen Sie mit den Verläufen und dem starken Kontrast zum Kranich. Hier ist etwas Geduld gefragt, da die Farbschichten des Hintergrunds erst gut getrocknet sein müssen, bevor Sie den filigranen Kranich platzieren.

MATERIAL

- Stein, möglichst flach, ca. 10 cm Durchmesser
- Gelb
- Orange
- Magenta
- Dunkelblau
- Weiß
- Schwarz
- Hellblau

WEITERES MATERIAL

- Pinsel (Größe 10, 9 und 1,5)
- Bleistift

Als Erstes grundieren Sie den Stein an den Stellen, wo später die gelbe Farbe schön leuchten soll, mit Weiß.

Damit die Farben noch feucht ineinanderlaufen können, platzieren Sie die Farben Gelb, Orange, Magenta und Dunkelblau direkt auf den Stein. Im Bild können Sie auch die Menge der benötigten Farben gut erkennen.

Verstreichen Sie als Erstes das Gelb und arbeiten Sie sich langsam mit dem Pinsel nach oben (Größe 10). Die Pinselführung läuft dabei immer horizontal hin und her. Wenn Sie oben angekommen sind, streichen Sie den Pinsel auf einem Tuch aus und nehmen ihn so für den unteren Bereich, wo später die Gräser dazukommen. Lassen Sie die Farben trocknen.

Jetzt können Sie mit dem Bleistift den Kranich und bei Bedarf auch die Gräser vorzeichnen.

84 PROJEKTE – TIER- UND NATURMOTIVE

Mit einem dicken Borstenpinsel (Größe 9) spritzen Sie nacheinander die Farben Orange und Hellblau auf den Stein. Biegen Sie dazu die Pinselborsten mit Zeigefinger nach hinten und lassen Sie die Pinselhaare so zurücksausen, dass es kleine Sprenkel regnet.

Jetzt können Sie mit Schwarz den Kranich ausmalen und ganz zart eine orange Linie über den Flügelrand und den Kopf ziehen. Mit einem feinen Pinsel (Größe 1,5) gelingt das am besten.

TIPP: Versuchen Sie auch bei diesem Motiv gerne einmal mit anderen Farben für den Verlauf zu spielen. Sie werden sehen, auch eine Kombination von Blau zu Gelb wirkt wahnsinnig schön..

FEDERLEICHTES SPIEL

Ein federleichtes, zartes Motiv, für das Sie auf jeden Fall einen sehr feinen Pinsel benötigen. Versuchen Sie hier Ihren Pinsel locker und schwungvoll zu führen, um so die Leichtigkeit noch besser transportieren zu können.

MATERIAL

- Stein, möglichst glatt
- Weiß
- Braun
- Ocker
- Schwarz

WEITERES MATERIAL

- Pinsel (Größe 1, 1,5 und 2)

Die Feder beginnt mit viel Schwung für eine schöne Rundung (Pinselgröße 1). Die Linie in der Mitte sollten Sie als Erstes zeichnen und dann die beiden anderen. Sie können dafür auch vorher ein paar Übungen auf Papier machen. Nach einigen Versuchen werden Sie merken, dass es immer leichter und schöner wird.

Jetzt kommen weiße Schichten, die Sie mit Braun und Ocker abmischen sollten. Verwenden Sie aber kein Schwarz dafür, da das Weiß in der Feder sonst zu gräulich wirkt. Mit einem feinen Pinsel für kleine Flächen (Größe 2) klappt das ganz gut.

Den Schatten legen Sie mit viel Wasser und ein wenig Schwarz an. Befeuchten Sie mit einem sauberen Pinsel (Größe 1) die Schattenstelle und gehen dann vorsichtig mit dem schwarz darüber. Da ein nasser Stein immer viel dunkler ist als ein trockener, ist das ein bisschen schwierig. Wenn Sie also zu wenig Schwarz genommen haben, können Sie den Vorgang einfach wiederholen. Aber Vorsicht, nicht zu viel Schwarz verwenden.

Sobald der letzte Schritt getrocknet ist, können Sie mit dem feinen Pinsel (Größe 1,5) das Flauschige der Feder gestalten. Hier lohnt es sich sehr, einen wirklich glatten Stein auszuwählen.

88 PROJEKTE – TIER- UND NATURMOTIVE

Die Spitze der Feder können Sie noch ein wenig verlängern. Die feinen Linien dürfen sich auch leicht kreuzen. Feine Linien Malen ist reine Übungssache. Geben Sie daher Ihrer Hand geduldig Zeit zum Lernen.

TIPP: Versuchen Sie bei diesem Motiv mit lockeren, fließenden Pinselstrichen zu arbeiten, ohne möglichst viel Druck auszuüben. So erhält die Feder auf dem Stein ihre charakteristische Leichtigkeit.

SÜSSER MARIENKÄFER

Ein niedliches Motiv, das durch die kräftigen Farben und die Gestaltung schon allein richtig gute Laune versprüht.

Durch die feinen Highlights und Lichtreflexe erscheint der kleine Glückskäfer beinahe lebendig.

MATERIAL

- ovaler Stein, ca. 7cm lang
- Weiß
- Schwarz
- Rot
- Blau
- Grau oder Ocker (optional)

WEITERES MATERIAL

- Bleistift
- Pinsel (Größe 1,5, 9 und 1)
- Zahnstocher

Zeichnen Sie mit dem Bleistift den Kopf und das Gesicht an und anschließend dann den Strich für die Flügel. Fühler und Herzchen werden später auf die Farbe aufgezeichnet.

Malen Sie mit einem feineren Pinsel (Größe 1,5) die weiße Farbe in die Augen. Die roten Flügel malen Sie mit einem Pinsel der Größe 9. Bei zwei Farbschichten wird die Farbe schön kräftig.

Lasieren Sie anschließend mit Schwarz und viel Wasser. Das hat den Vorteil, dass die Struktur des Steins noch zu sehen ist. Wenn Ihnen die Farbe von Ihrem Stein nicht gefällt, können Sie optional Grau oder Ocker darüberstreichen.

Mit dem Bleistift zeichnen Sie jetzt die Herzchen vor und malen sie mit Blau aus (Pinselgröße 1). Die Augen können dann auch ihre Farbe bekommen. Für die roten Wangen braucht Ihr Pinsel viel Wasser und ein bisschen Rot. Mehrere dünne Schichten davon ergeben einen weichen Farbübergang.

Jetzt kommen endlich die Fühler dazu. Mit dem kleinsten Pinsel (Größe 1) können zarte Wimperchen entstehen. Um dem Ganzen ein wenig Zauber zu geben, können Sie noch einige Lichtpünktchen verteilen, hierfür nehmen Sie den Zahnstocher.

TIPP: Suchen Sie sich mehrere Steine in der ungefähr gleichen Form aber unterschiedlichen Größen und kreieren Sie einfach eine kleine Marienkäfer-Familie.

GLÜCKSSCHWEINCHEN

Um dieses niedliche Schweinchen auf dem Stein zu verewigen, brauchen Sie kein bisschen Glück. Nur eine ruhige Hand und Lust an diesem Motiv. Das Glück kommt mit diesem Stein dann bestimmt von ganz allein.

MATERIAL

- Stein, eierförmig oder oval
- Weiß
- Ocker
- Gelb
- Braun
- Orange
- Rot
- Grün
- Schwarz

WEITERES MATERIAL

- Bleistift
- Pinsel (Größe 2, 1, 0 und 9)

Beginnen Sie als erstes mit der Bleistiftzeichnung des Motivs.

Damit der herausschauende Kopf gut zur Geltung kommt, wird ein Schatten hinterlegt. Dieser Schritt gelingt am besten mit Schwarz, das mit Wasser verdünnt wird, und einem kleinen flächigen Pinsel (Größe 2).

Mit der weißen Farbe und einem feinen Pinsel (Größe 1) bringen Sie Lebendigkeit in den Strohhaufen. Und auch das Schweinchen braucht unterschiedlich viel Weiß, um anschließend schön zu leuchten. Konzentrieren Sie sich dabei auf Stirn, Schnauze und Ohren.

Sollte Ihr Orange viel Rotanteil haben, dann probieren Sie mal mit Zugabe von Weiß die Haut des Ferkels entstehen zu lassen. Das Kleeblatt malen Sie mit grüner Farbe an und die Augen des Schweinchens legen Sie mit Schwarz an. Mit etwas weißer Farbe setzen Sie die Lichtreflexe (Pinselgröße 0) in die Augen.

Die nächste Farbschicht können Sie mit einem größeren Pinsel durchführen (Größe 9). Pinseln Sie mit Gelb, Ocker und ein wenig lasierendem Braun munter über die schwarz-weißen Halme.

Wenn Sie das Fell des Schweinchens flauschiger gestalten möchten, können Sie abschließend mit einem sehr feinen Pinsel (Größe 0) zarte Härchen mit Weiß malen. So können auch im Heu Ähren betont werden. Und wenn Ihr Schweinchen eine bessere Rundung braucht, können Sie unter dem Schnäuzchen noch etwas lasierendes Braun auftragen.

KÖNIGLICHE EIDECHSE

Ein sehr filigranes und feines Motiv, das durch die feinen und geschwungenen Linien seinen Charakter erhält.

Hier ist viel Fingerspitzengefühl gefragt. Aber das Endergebnis lohnt sich.

MATERIAL

- großer Stein, ca. 10–12 cm Durchmesser
- Schwarz
- Weiß
- Gelb (Acryllack)
- Orange
- Rot
- Grün

WEITERES MATERIAL

- Bleistift
- Pinsel (Größe 1 und 2)
- Zahnstocher

Zunächst gestalten Sie die schöne Silhouette der Eidechse. Den Schwung des Schwanzes kann man, je nach Steinform, ein wenig ändern. Lassen Sie sich beim Zeichnen der Umrisse viel Zeit.

Setzen Sie mit ein bisschen Weiß die ersten Akzente am Körper der Eidechse (Größe 1).

Verstärken Sie die weißen Akzente im Anschluss mit Schwarz und einem feinen Borstenpinsel (Größe 1).

Mit viel Wasser und ein wenig Schwarz wird der Schatten, den die Eidechse auf den Stein wirft, gemalt.

Mit gelbem Acryllack drücken Sie mit der Rückseite des Pinsels ein paar dicke Punkte auf den Rücken der Eidechse. Lassen Sie die Punkte für mindestens 3 Stunden gut durchtrocknen.

Malen Sie zuletzt die grüne Grundfarbe mit einem kleinen, flachen Pinsel (Größe 2) auf den Körper der Eidechse und fügen Sie orangene Streifen am Schwanz hinzu. Wenn Sie möchten, können Sie die Echse mithilfe eines Zahnstochers noch mit weiteren Punkten verzieren.

TIPP: Je nachdem, ob Ihr Stein eine besonders auffällige Form hat oder z. B. etwas länglicher ist, können Sie die Ausrichtung der Eidechse natürlich auch entsprechend zum Stein anpassen.

KLEINER GOLDFISCH

Ob am Gartenteich oder auf dem Fensterbrett – dieses kleine Fischlein ist an so gut wie jedem Platz gut aufgehoben.

Die weißen Sprenkel und Lichtreflexe sorgen auch hier für einen äußerst lebendigen Effekt.

MATERIAL

- Stein, ca. 8 cm Durchmesser
- Schwarz
- Weiß
- Blau
- Orange
- Braun (lasierend)

WEITERES MATERIAL

- Bleistift
- Pinsel (Größe 1, 2, 9 und 10)

102 PROJEKTE – TIER- UND NATURMOTIVE

Zeichnen Sie zuerst mit dem Bleistift Ihren Goldfisch und ein paar Wassertropfen auf den Stein.

Tragen Sie das Weiß in unterschiedlichen Abstufungen auf, um die Rundungen des Fisches zu unterstreichen (Pinselgröße 9). Malen Sie das Blau für das Wasser um den kompletten Stein. Nutzen Sie hierfür einen größeren, flachen Pinsel (Größe 10).

Mit dem lasierenden Braunton gestalten Sie die Schattenseiten des Fisches. Ein kleiner flacher Pinsel (Größe 2) ist hierfür bestens geeignet.

Streichen Sie im Anschluss den Orangeton mit einem Borstenpinsel (Größe 9) über den Körper des Fisches. So entstehen schon einmal schöne Effekte.

5

Mit einem feinen Pinsel (Größe 1) können Sie zum Schluss die schwarzen Auge mit weißen Pünktchen als Lichtreflexe malen. Ergänzen Sie noch schwarze Spitzen an den Flossen und ein paar Lichtreflexionen in die Wassertropfen und schon ist der Goldfisch fertig.

TIPP: Versuchen Sie in dieser Art auch einmal verschiedene Fischarten auf mehrere Steine zu malen. So erhalten Sie ein kleines Aquarium.

WEISER ELEFANT

Für dieses Motiv eignet sich ein relativ flacher und ovaler Stein. Sollte sich die Suche nach dem passenden Stein schwieriger gestalten, können Sie den Elefanten auch auf einem Gipsstein malen. Der Vorteil ist hier, dass Sie auf jeden Fall mit einer sehr ebenen Fläche arbeiten können.

MATERIAL

- Ovaler Stein, ca. 10 cm Durchmesser
- Schwarz
- Braun
- Weiß

WEITERES MATERIAL

- Bleistift
- Pinsel (Größe 9, 1 und 0)
- Zahnstocher (optional)

1 Sie können dieses Motiv auch um den ganzen Stein herum malen. Wenn Sie sich für eine Variante entschieden haben, zeichnen Sie entsprechend auf dem Stein vor.

2 Den Hintergrund, der nicht zum Elefanten gehört, gestalten Sie mit schwarzer Farbe aus und betonen dann die hellen Stellen mit Weiß, um anschließend mit der braunen Farbe weiterzuarbeiten.

3 Wenn Ihr dicker Pinsel (Größe 9) wenig Farbe hat und eher trocken ist, können Sie mit leicht kreisenden Bewegungen weiche Übergänge schaffen.

Beachten Sie, dass es in der Falte dunkel ist, dann wieder hell wird, um gleich wieder dunkel in die nächste Falte zu gehen.

108 PROJEKTE – TIER- UND NATURMOTIVE

Mit dem feinsten Pinsel (Größe 1) sind jetzt die vielen Runzelchen dran, und auch die kleinen, helleren Stellen werden nochmals betont. Lassen Sie sich für diesen Schritt Zeit.

Mit einem dünnen Pinselstiel können Sie auf dem Rücken und seitlich vereinzelt ein paar Punkte setzen. Optional können Sie hierfür auch einen Zahnstocher verwenden.

Jetzt wird es kreativ. Los geht es mit Punkten und Linien und kleinen Ornamenten, die Sie mit Ihrem feinsten Pinsel (Größe 0) malen. Lassen Sie hier Ihrer Fantasie freien Lauf.

ROTE TULPE

Diese Tulpe können Sie ganzjährig als Blumendekoration verwenden, da Sie nicht verwelken werden.

Suchen Sie für dieses Motiv möglichst flache und ovale Steine.

MATERIAL

- Stein, oval und schmal
- Weiß
- Schwarz
- Rot
- Hellgrün

WEITERES MATERIAL

- Bleistift
- Pinsel (Größe 1, 9 und 1,5)

Etwa in der Mitte Ihres Steines befindet sich die Spitze vom vorderen Blütenblatt. Von dieser Stelle aus sollten Sie mit Ihrer Bleistiftzeichnung beginnen.

Um den kleinen Teil vom Stein, der nicht zur Blume gehört, optisch verschwinden zu lassen, müssen Sie nur schwarze Farbe mit Wasser verdünnen, um der Blüte so einen Schatten zu geben. Tragen Sie die verdünnte Farbe mit einem feinen Pinsel auf (Größe 1).

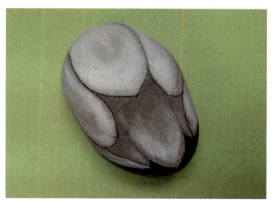

Als Nächstes ist die weiße Farbe dran. Diese wird unterschiedlich stark aufgetragen, um Rundungen entstehen zu lassen. Verwenden Sie einen feinen Borstenpinsel der Größe 9.

Anschließend kommt die rote Farbe hinzu und dort, wo die weiße Farbe darunter ist, wird Ihr Rot heller leuchten und an den anderen Stellen dunkler sein.

5

6

Auch für die helleren Blütenblätter ist hier nur die Farbe Rot dazugekommen. An den Stellen, die hier rosa wirken, tragen Sie ganz wenig rote Farbe mit viel Wasser verdünnt auf (Pinselgröße 1).

Interessant wird es jetzt, wenn Sie mit einem feinen Pinsel (Größe 1,5) zarte rote Linien auf die Blütenblätter malen und anschließend mit der weißen Farbe noch einmal die Lichtkante betonen. Den Stempel können Sie gelbgrün und die Staubgefäße Schwarz mit etwas Weiß malen.

TIPP: Wenn Sie mehrere Steine der ungefähr gleichen Form bemalen, erhalten Sie eine Art steinernes Tulpen-Bouquet.

KELTISCHER KNOTEN

Da dieses Motiv durch seine filigranen Linien und ausschmückenden Details überzeugt, empfiehlt sich ein sehr flacher und glatter Stein. Für optimale Ergebnisse können Sie auch einen Gipsstein herstellen und diesen verwenden.

MATERIAL

- Stein, flach
- Ocker
- Schwarz
- Weiß
- Braun
- Dunkelblau
- Gelbgrün (lasierend)
- Blaugrün (lasierend)
- Hellgrün (Acryllack)
- Gold (Acryllack)

WEITERES MATERIAL

- Bleistift
- Schablone
- Pinsel (Größe 1,5, 10 und 9)

Tragen Sie zuerst eine dünne Farbschicht Ocker auf dem Stein auf. Für die Übertragung eines so filigranen Motivs schauen Sie noch einmal auf S. 16 nach.

Für den Knoten benutzen Sie einen sehr feinen Pinsel (Größe 1,5) und weiße Farbe. Für die hellsten Stellen malen Sie etwa drei Schichten übereinander.

Nun erhält jede weiße Linie von beiden Seiten einen dunklen Rand mit leichtem Farbverlauf. Verwenden Sie hierfür ein sehr dunkles Blau. Alternativ eignet sich auch einfach Schwarz.

Jetzt kommt ein breiter Pinsel (Größe 10) zum Einsatz, mit dem Sie über die schon vorhandene Farbe pinseln können. Ein lasierendes Gelbgrün ist sehr zu empfehlen. Je mehr Schichten Sie hier übereinanderstreichen, desto dunkler wird die Farbe.

5

Der Hintergrund bekommt eine goldene Farbe, die zum Motiv hin ins dunkle Braun übergehen kann. An den Rändern lassen Sie mit der Restfarbe im dicken Borstenpinsel (Größe 9) diese mit leicht kreisenden Bewegungen auslaufen. So entsteht ein schöner Übergang zum Naturstein.

6

Wenn die erste goldene Schicht trocken ist, kommen Tupfen, die mit dem Pinselstiel gut gelingen. Bis die dickere Farbschicht trocken ist, kann es ein bis zwei Stunden dauern. Ein lasierendes Blaugrün ist hinzugekommen und bei den kleinen Quadraten in der Mitte brauchte es noch etwas Schwarz. Mit dem Zahnstocher, der hellgrüne Pünktchen gesetzt hat, ist das Werk vollendet.

TIPP: Die feinen Pünktchen und Linien können Sie auch mit speziellen Dotting Tools anfertigen, falls Sie diese zur Hand haben.

KAISERPINGUIN

Für dieses Motiv benötigen Sie einen besonders schmalen, hohen und ovalen Stein. So können Sie die Form des Kaiserpinguins perfekt aufmalen.

Charakteristisch für das Küken ist das flauschige Federkleid. Mit einem sehr dünnen Pinsel erzielen Sie genau diesen Effekt.

MATERIAL

- Hoher, stehender Stein
- Schwarz
- Weiß
- Gelb
- Orange
- Rot

WEITERES MATERIAL

- Bleistift
- Pinsel (Größe 2, 1, 9 und 1,5)

Beginnen Sie mit der Vorlagenzeichnung des Motivs mit Bleistift.

Den großen Pinguin grundieren Sie mit einem Pinsel der Größe 9 mit Schwarz und geben ein wenig Weiß für die Highlights hinzu, der kleine Pinguin bekommt einen schwarz-weißen Kopf und einen grauen Körper. Hier arbeiten Sie am besten mit kleinen Pinseln (Größe 2 und 1).

Tragen Sie auf dem Bauch ungefähr drei bis vier Schichten Weiß mit ein wenig Schwarz auf. Verwenden Sie dazu einen Pinsel der Größe 2.

Im nächsten Schritt bekommt das Gelb einen weichen Farbverlauf zum Bauch hin und nach oben immer mehr Orange, das fast in einem Rotton endet. Das weiße „Fell" um das Pinguinkind bekommt zusätzlich weiße Farbe mit Ocker, das ist immer viel schöner als Grau.

5

Mit einem eher trockenen Borstenpinsel (Größe 9) und nur wenig Weiß setzen Sie durch leicht kreisende Bewegungen schnell mehrere lichtvolle Stellen auf dem Kopf und dem Schnabel.

6

Das Federkleid des Kükens können Sie mit einem sehr feinen Pinsel (Größe 1,5) noch flauschiger gestalten. Durch die Rundung des Steins sind die Füßchen verschwunden, zu sehen sind nur die Gummistopper, die als Wackelschutz dienen.

KÖNIGLICHER DRACHE

Für diesen Drachen wurden im Beispiel 3 unterschiedlich große Steine bemalt. Sie können aber auch hierbei variieren und mit mehreren Steinen einen noch größeren Drachen gestalten.

MATERIAL

- 3 Steine, unterschiedlicher Größe
- Grün
- Gelb
- Orange
- Rot
- Schwarz
- Weiß

WEITERES MATERIAL

- Bleistift
- Pinsel (Größe 10, 1, 1,5 und 0)
- Zahnstocher

Beginnen Sie mit der Bleistiftvorzeichnung. Die Zeichnung der Linie am Schwanz können Sie allerdings besser gleich auf die grüngelbe Grundierung setzen (Pinselgröße 10). Die Flügel sind mit Weiß, Ocker und Braun angelegt. Die Zacken am Rücken und am Schwanz haben ein Orangerot mit brauner Umrandung (Pinselgröße 1).

Die Schuppen werden ein wenig heller als die Grundierung mit einem kleinen Borstenpinsel (Größe 1) gemalt. Die Flügelspitzen haben weiße Verzierungen mit dem feinsten Pinsel (Größe 1,5) erhalten. Weiß, Gelb, Orange, Rot, lasierendes Braun und Schwarz sind die Farben für die Augen.

Die hellen Schuppen umrahmen Sie noch mit dunklen grünen und braunen Linien. Weiter geht es mit vielen kleinen Pünktchen, die Sie mit dem Zahnstocher über den ganzen Körper verteilen.

Legen Sie bei der weiteren Gestaltung Fokus auf die Augen, die durch die vielen übereinanderliegenden Farben viel Tiefe und Glanz gewinnen. Verwenden Sie hier Gelb, Orange, Rot, Weiß und Schwarz und arbeiten Sie mit einem feinen Pinsel (Größe 0).

Verzieren Sie mit weißen Pünktchen nach Belieben alle 3 Körperteile des Drachen.

TIPP: Auch hier können Sie anstelle des Zahnstochers auch mit dem passenden Dotting Tool oder Stopfnadeln arbeiten. Probieren Sie aus, mit welchem Werkzeug Sie besser zurecht kommen.

KLEINER CLOWNFISCH

Klein, fröhlich, frech und orange. So strahlt der kleine Clownfisch in all seiner Kraft.

Arbeiten Sie an präzisen kanten und Übergängen. So leuchten die Farben im Kontrast zueinander noch mehr!

MATERIAL

- 2 Steine
- Schwarz
- Weiß
- Ocker
- Orange

WEITERES MATERIAL

- Bleistift
- Pinsel (Größe 2 und 0)

126 PROJEKTE – TIER- UND NATURMOTIVE

Wenn Ihre Steine sehr dunkel sind, ist es am einfachsten, zunächst alles komplett weiß anzumalen. Danach erst einmal mit dem Bleistift den Fisch entstehen lassen.

Im nächsten Schritt erhält der Fisch durch das Weiß eine schöne Rundung und die weißen Felder bekommen am Rand ein wenig Ocker dazu. Arbeiten Sie mit einem kleinen flachen Pinsel (Größe 2).

Ein weicher Übergang zwischen den schwarzen Linien am Rand entsteht, wenn Sie nach dem Farbauftrag einen feuchten Pinsel ohne Farbe zu Hilfe nehmen und nochmals darübergehen. Das muss schnell hintereinander geschehen, um gut zu funktionieren.

Damit die Farben schön kräftig werden, sind mindestens drei Farbschichten nötig. Jetzt noch ein paar kleine Farbpünktchen setzen (mit Pinselgröße 0), das bringt viel Lebendigkeit und Glanz.